Stefanie Höfler

Feuerwanzen lügen nicht

Lesebegleiter

Dr. Heike Krauter-Dierolf
Christian Fuchs

Krapp & Gutknecht

INHALTSVERZEICHNIS

SYMBOLE

Der Lesebegleiter enthält eine Reihe von Symbolen, die dir helfen, dich bei der Arbeit mit diesem Heft besser zurechtzufinden.

- Leseauftrag
- Szenisches Spiel
- Internetrecherche
- Kreativaufgabe
- Analyse
- Partnerarbeit
- Gruppenarbeit
- Schreibaufgabe
- Figurenseite
- Mündlich/Sprechen
- Klassengespräch

Du kannst den Zeilenmesser ausschneiden. Wenn du die Möglichkeit hast, ihn anschließend zu laminieren, hast du länger Freude damit.

VORWORT

Liebe Schülerinnen und Schüler,

„Feuerwanzen lügen nicht"? Stimmt, sie sprechen ja auch nicht. Aber wir ahnen schon: Es gibt in dem Roman Figuren, die lügen. Und Figuren, die belogen werden. Dass es trotz dieses ernsten Themas lustig und auch spannend zugeht, dafür sorgen der hyperaktive, hippelige Nits und der hyperkorrekte, rundumtalentierte Mischa. Die beiden sind beste Freunde, weshalb es in dem Roman auch um Freundschaft geht – und um einiges mehr ...

Der Lesebegleiter führt euch Kapitel für Kapitel durch die Handlung des Romans. Ihr lernt die verschiedenen Figuren kennen und beschäftigt euch mit ganz unterschiedlichen Themen. Mit welchen, das wollen wir hier noch nicht verraten.

Wir wünschen euch viel Spaß bei der Lektüre und mit dem Lesebegleiter!

Heike Krauter-Dierolf und Christian Fuchs

Grußwort von Stefanie Höfler

Liebe Leserinnen und Leser!

Ich freue mich wirklich wahnsinnig, dass meine erfundene Erzählung über Mischa und Nits unerwartet viel passendes Publikum findet, weil eine Menge Menschen sie nun in der Schule liest.

Egal, ob ihr Lesefiebrige oder Lesefaulenzer seid – ich hoffe, ihr lest mit Neugier. Und ich hoffe, ihr lest mit liebenswürdigen Lehrern, die Freude am rastlosen Reden haben – und zwar über das, was außer einer fabelhaften Freundschaft auch noch Thema dieser Geschichte ist: Nämlich, dass in Deutschland ziemlich viele Kinder eine eher klamme Kasse haben für diverse Dinge, die für andere ganz normal sind. Ein Eis im Freibad zum Beispiel. Einen Klassenausflug mit Kletterparkeintritt. Oder einfach nur einen neuen Rucksack. Vielleicht fallen euch solche Sachen etwas eher auf, wenn ihr *Feuerwanzen* gelesen habt. Vielleicht auch nicht. Vielleicht überzeugt euch die Idee, dass Freundschaft langandauernde Lügen und gnadenlose Geheimnisse überstehen kann – daran glaube ich nämlich. Vielleicht rappt und reimt ihr aber auch einfach nur ein wenig mit Nits, der diese Geschichte erzählt. In jedem Fall wünsche ich euch gute Gedanken beim Lesen – und drumherum sowieso!

Eure Stefanie Höfler

VOR DEM LESEN

Erste Begegnung mit dem Buch

➲ **Aufgabe**

a) Beschreibe das Titelbild. Achte auch auf kleine Details.

b) Gestalte die Feuerwanze und notiere, was du mit diesem Tier assoziierst.

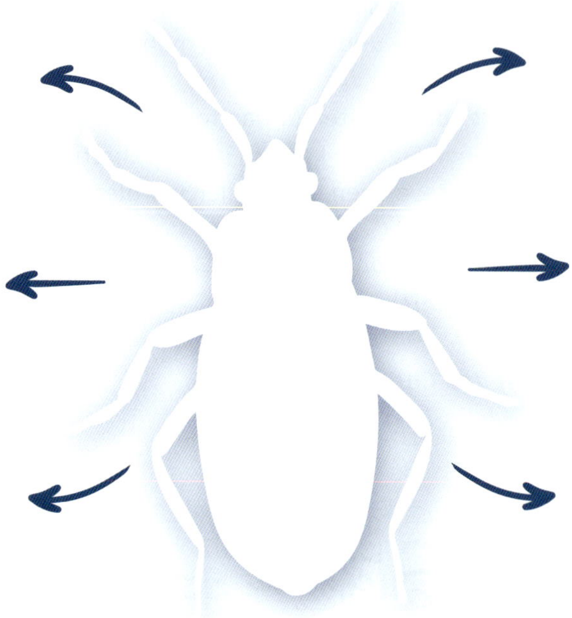

INFOBOX

„Assoziieren“ bedeutet, Gedanken und Vorstellungen mit etwas zu verknüpfen.
Zum Beispiel verknüpfen manche den Geruch von Chlor mit Freibad und Sommerferien.

c) Äußere Vermutungen, um welche Themen es in dem Roman gehen könnte.

d) Lies nun den „Klappentext“ auf der Rückseite. Betrachte mit diesem Wissen nochmals das Titelbild.

BEIM LESEN

Kapitel 1: Enten

Meine Überschrift: ____________________

➲ Aufgabe 1

a) Lies das 1. Kapitel.
b) Finde eine passende Überschrift.

INFOBOX

Das erste Kapitel eines Romans soll neugierig machen und zum Weiterlesen motivieren. Deshalb wird man dort normalerweise in Zeit, Ort und Atmosphäre eingeführt und lernt wichtige Figuren kennen. Das zentrale Thema – der „Konflikt" – wird meist erst angedeutet.

➲ Aufgabe 2: Zeit

Wann spielt der Roman? Kreuze an und begründe.

Der Roman spielt

- ☐ im Mittelalter.
- ☐ ungefähr im Jahr 1900.
- ☐ ungefähr im Jahr 1970.
- ☐ in der Gegenwart.

TIPP

In welcher Zeit der Roman spielt, wird im ersten Kapitel nicht ausdrücklich erwähnt. Den ungefähren Zeitraum kannst du aber durch genaues Lesen herausfinden.

BEGRÜNDUNG: ____________________

____

➲ Aufgabe 3: Ort

a) An welchen Orten spielt das erste Kapitel? Notiere zu jedem Ort zwei Stichworte, die dir beim Lesen in Erinnerung geblieben sind.

b) Ein weiterer Ort – Mischas Wohnung – wird nur erwähnt. Was erfahren wir darüber?

____

____

FIGURENSEITE: NITS UND MISCHA

➲ Aufgabe 4: Nits und Mischa – die Hauptfiguren des Romans

a) Zeichne Nits und Mischa mit Hilfe der Hinweise aus dem Roman. Du kannst dich für die Proportionen an den Umrissen orientieren. Zeichne nur, was im Roman erwähnt wird!

b) Was erfährt man über die Eigenschaften von Mischa und Nits? Notiere Formulierungen wie „fantastische Vorstellungskraft“ (S. 6, Z. 11). Denke dabei an die Angabe der Fundstelle (Seiten- und Zeilenangabe).

Mischa

Nits

c) Was erfährt man über die Familien von Mischa und Nits?

FIGURENSEITE: MISCHAS VATER

➲ Aufgabe 5: Mischas Vater

a) „Wenn Mischas Dad auftaucht, fallen fast allen die Augen aus dem Kopf.“ (S. 15, Z. 6 f.)
Zeichne Mischas Vater oder erstelle mit Hilfe einer KI ein Bild von ihm und klebe es ein.

b) Was unterscheidet Mischas Vater von „normalen“ Vätern? Notiere in Stichworten.
→ Ergänze diese Aufstellung im weiteren Verlauf deiner Lektüre!

Aussehen

Verhalten

Fähigkeiten

Beruf

Aufgabe 6: Weitere Figuren

Außer Nits, Mischa und dessen Vater tauchen im ersten Kapitel noch weitere Figuren auf. Über die meisten erfährt man nur wenig. Notiere, was man über sie erfährt, und stelle Vermutungen an, welche Rolle sie im weiteren Roman spielen könnten.

Herr Bassler

Gregor

Fieser Felix

Herr Meininger

Aufgabe 7: Andeutungen …

a) ## Die Badehose

Nits will mit seiner Erzählung „vorne" anfangen und beginnt mit Mischas Badehose. Diese scheint also wichtig für die weitere Handlung zu sein. Lies den Abschnitt über die Badehose (S. 12–14) nochmals und beantworte die Fragen:

Welche Erklärung gibt Mischa für die fehlende Badehose?

____

Was ist seltsam an Mischas Antwort?

____

____

Vergleiche deine Ergebnisse mit Nits' Überlegungen auf Seite 16 und 17.

b) Im ersten Kapitel merkt man noch an weiteren Stellen, dass der Erzähler – also Nits – weiß, wie es weitergeht. Lies das Kapitel nochmals und finde Stellen, an denen er Andeutungen macht. Sprecht darüber, was Nits mit diesen Andeutungen meinen könnte.

Kapitel 2: Paviane

Meine Überschrift: ______________________

➲ **Aufgabe 1**

a) Lies das 2. Kapitel.
b) Finde eine passende Überschrift.

➲ **Aufgabe 2**

Wir erfahren im zweiten Kapitel, dass Mischa alle möglichen Dinge über Tiere weiß. Hast du auch ein Spezialgebiet, über das du viel weißt? Erzähle der Klasse davon.

➲ **Aufgabe 3: Lügen**

a) Auf Seite 19 und 20 unterhalten sich Nits und Mischa über Gründe für das Lügen. Arbeite heraus, welche Gründe sie nennen. Nenne auch eigene Gründe.

Nits sagt über das Lügen:

Mischa sagt über das Lügen:

Ich sage über das Lügen:

b) Mischa ist für seine Ehrlichkeit bekannt. Dennoch lügt er seinen Lehrer vor dem Unterricht an. Erkläre, warum Nits dies nicht schlimm findet.

c) Mischa bittet Nits, nichts über die Badehose und das Lügen zu erzählen. Nits gibt ihm sein „Inderehrenwort" (S. 26, Z. 4) und meint: „Aber diesmal fühlte ich mich seltsam dabei. Weil an Mischa irgendetwas seltsam war. Weil es mir vorkam, als habe dieses Versprechen diesmal eine besondere Bedeutung, auch wenn ich nicht wusste, welche." (S. 26, Z. 8–11)
Stelle Vermutungen an, was Nits so komisch vorkommt.

Aufgabe 4: Mischas Familie

a) In einem kurzen Rückblick beschreibt Nits, wie er Mischa kennengelernt hat. Was ist Nits damals an Mischa aufgefallen?

b) Nits spricht davon, dass es war, als sei um die beiden komischen Kinder ein „Bannkreis". Das Wort „Bannkreis" kann verschiedene Bedeutungen haben:

- ☐ (I) Eine Art Zauberkreis, in dem magische oder mysteriöse Kräfte wirken. Solche Kräfte können einen magisch anziehen, „in ihren Bann" ziehen.
- ☐ (II) Ein Banngebiet, also ein Gebiet, das besondere Regeln oder Verbote hat. Man wird aus so einem Gebiet „verbannt".

An welche Bedeutung denkt Nits eher? Kreuze an und begründe deine Wahl!

c) Welche Adjektive aus dem Wortspeicher charakterisieren Amy? Unterstreiche.

abenteuerlustig, achtsam, aufgeweckt, aufrichtig, ausdauernd, begeistert, brav, chaotisch, diszipliniert, echt, einfühlsam, fröhlich, frech, hilfsbereit, kreativ, lebhaft, mutig, neugierig, selbstbewusst, sportlich, talentiert, wissbegierig, zappelig

d) Dieses Bild wurde mit Hilfe einer KI erstellt. Dafür wurde folgender Prompt verwendet:

„Erstelle ein Comicbild von einem Vater, der seine herumspringende Tochter an der Hand hat. Das Mädchen hat zwei Zöpfe, ist etwa 8 Jahre alt und trägt bunte Kleidung und springt durch eine Pfütze. Der Mann trägt schwarze Kleidung und eine Lederjacke und Springerstiefel. Er ist sehr groß und schlaksig. An seinem Hals ist ein Schlangentattoo. Er hat lange schwarze Haare."

INFOBOX

Ein **Prompt** ist ein Eingabebefehl für eine KI, der von dieser analysiert und zu einer Antwort verarbeitet wird.

Überprüfe das Bild: Wo weicht es von der Beschreibung im Roman ab?

e) Wir bekommen in diesem Kapitel weitere Informationen über Mischas Vater. Ergänze die Figurenseite. Sprecht darüber, ob sich eure Ansicht über ihn dadurch ändert. ▶ **Lesebegleiter Seite 8**

Kapitel 3: Faultiere

Meine Überschrift: ______________________________

Aufgabe 1

a) Lies das 3. Kapitel.
b) Finde eine passende Überschrift.

Aufgabe 2

Von Anfang an werden immer wieder Klassenkameraden von Mischa und Nits erwähnt. Notiere ihre Namen und ordne sie dann in einem Soziogramm so an, dass ihre Beziehungen zu Nits und Mischa sowie untereinander deutlich werden. Charakterisiere jede Person mit ein bis zwei aussagekräftigen Stichpunkten.

INFOBOX

In einem **Soziogramm** werden die Beziehungen innerhalb einer Gruppe mit Hilfe von Pfeilen, Symbolen und Abständen graphisch dargestellt.

Aufgabe 3

Nits bekommt Mischas Attest vom Urwalddoktor Ginzburg zu sehen.
Vergleiche Mischas Attest mit einer typischen ärztlichen Bescheinigung. Was fällt auf?

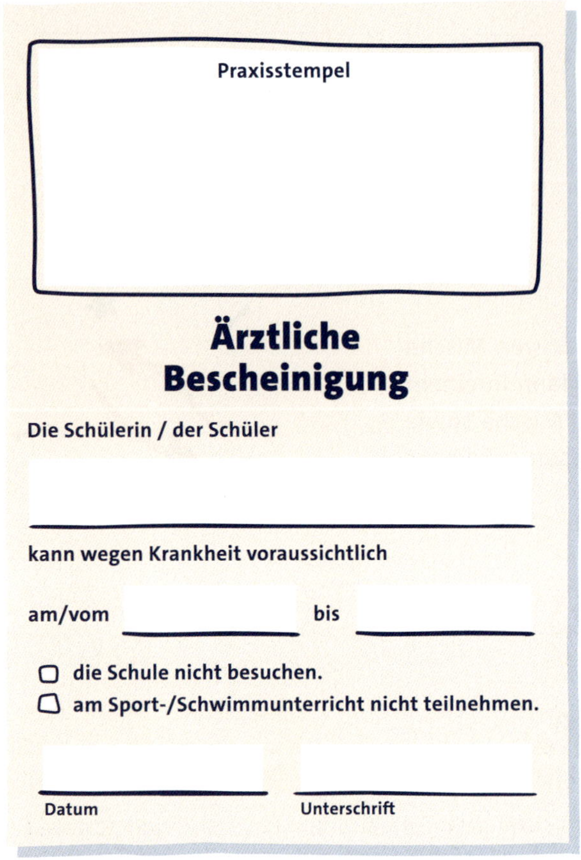

Praxisstempel

Ärztliche Bescheinigung

Die Schülerin / der Schüler

kann wegen Krankheit voraussichtlich

am/vom ______ bis ______

- ☐ die Schule nicht besuchen.
- ☐ am Sport-/Schwimmunterricht nicht teilnehmen.

Datum Unterschrift

Aufgabe 4

Als Mischa und Nits sich im Park über Tiere unterhalten, taucht plötzlich eine Frau in orangener Jacke auf.

a) Beschreibe die Situation des Treffens.

b) Das Treffen findet wortlos statt.
Schreibe in die Gedankenblase, was Mischa in diesem Moment denken könnte.

Kapitel 4: Kakadu

Meine Überschrift:

____

Aufgabe 1

a) Lies das 4. Kapitel.
b) Finde eine passende Überschrift.

Aufgabe 2

Zu Beginn des Kapitels verwendet Nits eine ungewöhnliche Verbform: den Konjunktiv II. Erkläre, warum Nits hier diese Form verwendet.

____

____

Aufgabe 3

In diesem Kapitel lernen wir Nits' Bruder Ole kennen. Mit welchen Adjektiven kann man ihn charakterisieren? Wähle aus dem Wortspeicher zwei deiner Meinung nach passende und zwei unpassende Adjektive aus. Begründe in einem Satz, warum sie auf Ole zutreffen bzw. nicht zutreffen.

WORTSPEICHER

ausdauernd – arrogant – freundlich – gutmütig – naiv – rebellisch – pingelig – sparsam – sportlich – träumerisch – wählerisch

Zutreffende Eigenschaften	Nicht zutreffende Eigenschaften
Ole ist … , weil …	Ole ist nicht … , weil …
Ole ist … , weil …	Ole ist nicht … , weil …

b) Zu Beginn des Kapitels wird erwähnt, dass Ole schon sehr viele Sportarten ausprobiert hat. Teilt euch in Gruppen auf und recherchiert im Internet, welche Sportausrüstung er für die einzelnen Sportarten braucht und wie viel jeder einzelne Sportgegenstand kostet. Tragt dann die Summe der Ausgaben für die Sportart in das jeweilige Preisschild ein und ermittelt die Gesamtsumme.

HANDBALL:

-
-
-
-

INSGESAMT:

SCHWIMMEN:

-
-
-
-

INSGESAMT:

KLETTERN:

-
-
-
-

INSGESAMT:

FUSSBALL:

-
-
-
-

INSGESAMT:

JOGGEN:

-
-
-

INSGESAMT:

TURNEN:

-
-
-

INSGESAMT:

EISHOCKEY:

-
-
-

INSGESAMT:

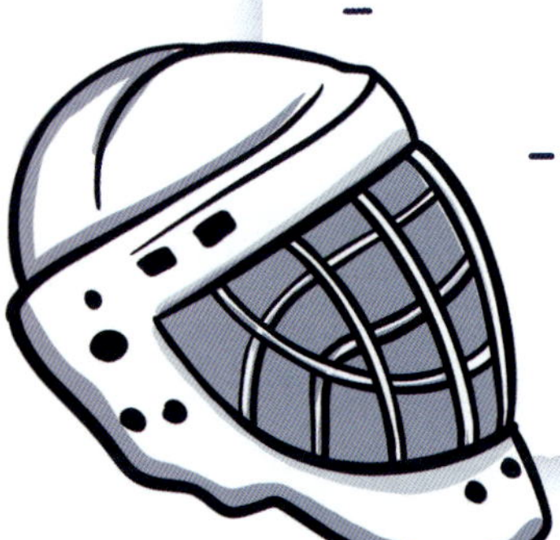

GESAMTSUMME:

c) Recherchiere nun, wie hoch der Mindestlohn in Deutschland ist und wie hoch der durchschnittliche Stundenlohn.

MINDESTLOHN: ______________________________

DURCHSCHNITTLICHER STUNDENLOHN: ______________________________

Berechne nun, wie lange jemand mit Mindestlohn bzw. durchschnittlichem Stundenlohn arbeiten muss, um all die Ausrüstungsgegenstände in der Tabelle zu bezahlen.

ERGEBNIS: ______________________________

____

INFOBOX

Normalerweise wird der sogenannte Bruttolohn angegeben. Davon abgezogen werden noch Sozialabgaben wie der Beitrag für die Krankenversicherung sowie Steuern. Der Nettolohn liegt je nach persönlichen Umständen und Höhe des Einkommens bei 50 bis 80 % des Bruttolohns.

d) Sprecht in der Klasse darüber, warum es für Ole möglich ist, all diese Sportarten aus der Tabelle auszuprobieren. Was sagt das über die Verhältnisse in der Familie Lemberg?

Aufgabe 4

Am Ende des Kapitels findet Nits heraus, dass Mischa ihn belogen hat. Schreibe einen Tagebucheintrag aus der Sicht von Nits, in dem er über die Gründe von Mischas Lüge nachdenkt. Gehe dabei auch auf die Bedeutung des Lügens ein, die du in Kapitel 2 herausgearbeitet hast.

____

____

____

____

____

____

____

____

____

____

____

____

Kapitel 5: Feuerwanze

Meine Überschrift: ______________________________

➲ Aufgabe 1

a) Lies das 5. Kapitel.

b) Finde eine passende Überschrift.

➲ Aufgabe 2

Nachdem Nits herausgefunden hat, dass Mischa das Attest gefälscht hat, dauert es lange, bis er ihn darauf anspricht. Warum?

➲ Aufgabe 3

a) Schau nochmals nach, was du zu Beginn der Lektüre mit „Feuerwanze" assoziiert hast. Ergänze auf ▶ **Seite 4** !

b) In diesem Kapitel beobachten Nits und Mischa eine Feuerwanze, die über ihre Schuhe krabbelt. Beschreibe die Situation mit eigenen Worten.

c) Überlege, welche Bedeutung die Feuerwanze haben könnte. Die Stichworte können dir dabei helfen:

Freundschaft Hindernisse Lügen Kampfgeist Überforderung

Aufgabe 4

a) Überlegt zu zweit: Warum könnte Stefanie Höfler die „Feuerwanzen“ für den Titel des Romans gewählt haben? Sammelt dazu Stichpunkte.

b) Verfasst nun jeder für sich eine Antwort auf die Frage. Nutzt dazu eure gesammelten Stichpunkte.

Kapitel 6: Mäuse

Meine Überschrift: ______________________

Aufgabe 1

a) Lies das 6. Kapitel.
b) Finde eine passende Überschrift.

Aufgabe 2

a) Als Nits Mischas Wohnung betritt, fasst er seine Eindrücke in dem Reim zusammen:

„Schnell erfasst: Welt-Kontrast!“ (S. 64, Z. 4)

Erkläre mit eigenen Worten, warum dieser Reim das Kapitel gut beschreibt.

____

____

____

b) Findest du weitere Reime, die die Situation und die Orte in diesem Kapitel beschreiben? Finde Reime, die Nits verwendet, und erfinde eigene Reime.

eigene Reime

Aufgabe 3

a) In diesem Kapitel wird Mischas und Amys Zuhause sehr genau beschrieben. Suche dir einen der Orte aus und halte ihn künstlerisch fest. Dies kann ein Grundriss, ein Blick in ein Zimmer oder nur ganz kleine Details aus der Wohnung sein.

b) Stellt euch eure Zeichnungen in der Klasse vor. Was empfindet ihr beim Anschauen der Bilder?

Aufgabe 4

a) Nits geht auf die Toilette und sein Kopf formuliert „vierhundert Fragen". (S. 67, Z. 26) Notiere vier davon.

1

2

3

4

b) Warum stellt er keine der Fragen, als er aus der Toilette kommt?

c) Schreibe einen inneren Monolog aus der Sicht Nits', nachdem er auf den tropfenden Wasserhahn hingewiesen hat.

INFOBOX

Ein „innerer Monolog" ist ein gedankliches Selbstgespräch. Wir können sozusagen direkt in den Kopf der Person hineinsehen und erfahren etwas über ihre Gedanken und Gefühle. Im inneren Monolog wird deshalb die Ich-Form verwendet. Er ist häufig umgangssprachlich. Die Sätze sind häufig kurz und teilweise sogar unvollständig.

Kapitel 7: Hummeln

Meine Überschrift: ______________________________

➲ Aufgabe 1

a) Lies das 7. Kapitel.
b) Finde eine passende Überschrift.

➲ Aufgabe 2

a) Mischa und sein Vater streiten sich zu Beginn des Kapitels kurz über das Essen. Warum?

____

____

____

____

____

b) Informiere dich im Internet über den Zusammenhang von Armut und Ernährung.
Stellt euch eure Ergebnisse gegenseitig vor.

➲ Aufgabe 3

a) Mischas Vater erzählt von seinem aberwitzigen Arbeitseinsatz. Nits kommentiert dies im Nachhinein mit den Worten „Und erzählen konnte er, oh Mann!“ (S. 76, Z. 18). Was macht den Vater zu einem guten Erzähler?

____

____

____

b) Ist Mischas Vater ein guter Erzähler – oder ein Lügner? Was meinst du?

____

____

____

➲ Aufgabe 4

„»Lügen ist doch einfach nur träumen, wie es auch gewesen sein könnte. Meint mein Dad.«“ (S. 80, Z. 20 f.) Sprecht in der Klasse über diese Aussage.

Kapitel 8: Flughunde

Meine Überschrift: ______________________________

Aufgabe 1

a) Lies das 8. Kapitel.
b) Finde eine passende Überschrift.

Aufgabe 2

a) Vergleiche die Kapitel 6/7 und 8 miteinander.
Nutze dafür die folgende Tabelle und orientiere dich an den Vergleichskriterien.

	Familie Götze	Familie Lemberg
Türschild		
Küche		
Lebensmittel und Kochen		
Verhältnis von Eltern und Kindern		
Verhältnis zwischen den Geschwistern		
Lügen		

b) Fasse zusammen, welche Unterschiede und welche Gemeinsamkeiten die beiden Familien aufweisen.

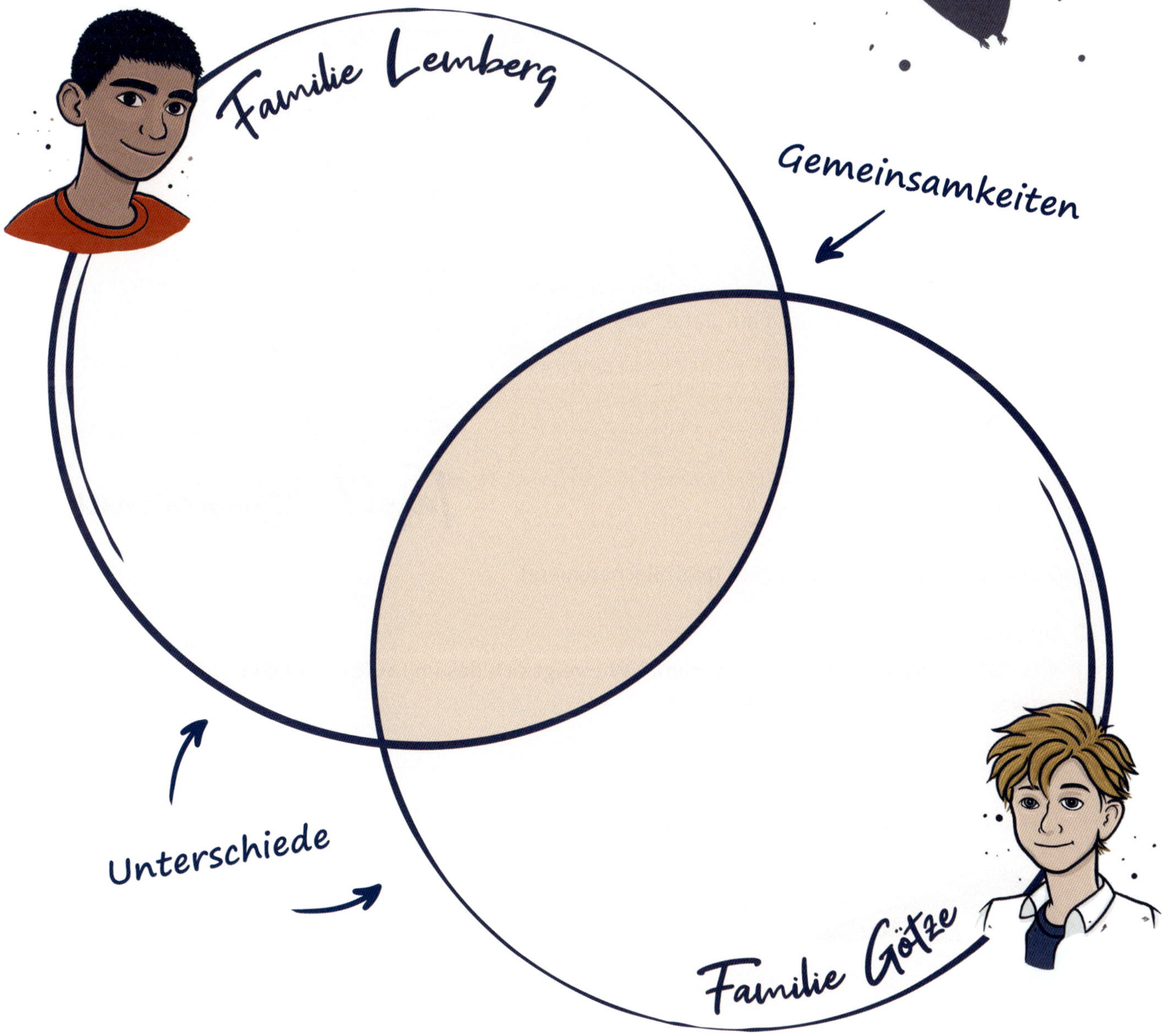

c) Ein Mitschüler meint, dass die beiden Kapitel 7 und 8 wie zwei entgegengesetzte Spiegelbilder sind. Was meint er damit und hat er damit Recht?

____

____

____

Kapitel 9: Fischreiher

Meine Überschrift: ______________________________

Aufgabe 1

a) Lies das 9. Kapitel.
b) Finde eine passende Überschrift.

Aufgabe 2

a) Mischas Familie kauft bei der Tafel ein. Arbeite aus Nits' Bericht über den Einkauf sowie Mischas Erklärung heraus, worin sich eine „Tafel" von einem Supermarkt unterscheidet.

Tafel? Supermarkt?

b) Gibt es bei euch in der Nähe eine Tafel? Recherchiere!

Aufgabe 3

a) Nits stellt fest, dass Mischa sich „schämt". Wie zeigt sich das im Laufe des Kapitels? Verwende für deine Antwort Textbelege.

____

____

____

____

____

____

b) Scham wird häufig als Emotion erklärt, die entsteht, wenn man das Gefühl hat, gesellschaftliche oder persönliche Ansprüche, Werte und Normen nicht erfüllt zu haben. Überprüfe, ob diese Definition von Scham auf Mischa zutrifft. Belege deine Antworten mit passenden Textstellen.

____

____

____

____

Aufgabe 4

Die seltsame Sophie hält im Unterricht einen Vortrag über Armut.

a) Ordne die passenden Definitionen durch Verbinden zu.

ABSOLUTE ARMUT

ARMUTSGEFÄHRDUNGSQUOTE

RELATIVE ARMUT

Das Einkommen beträgt weniger als 60 Prozent des mittleren Einkommens des jeweiligen Landes.

Anteil der Bevölkerung, der von relativer Armut betroffen ist.

Das Einkommen liegt unterhalb des Existenzminimums. Die Grundbedürfnisse eines Menschen (Nahrung, Kleidung, Wohnung, medizinische Versorgung) sind nicht gedeckt.

b) „»In Deutschland gibt es doch gar keine Armut!«", behauptet der fiese Felix. (S. 103, Z. 10) Recherchiere:

- **Wie hoch ist die Armutsgefährdungsquote in Deutschland?**
- **Welche Gruppen sind besonders armutsgefährdet?**
- **Wie wirkt sich die Inflation auf arme Menschen aus?**

Aufgabe 5

„»[M]an sieht oft jemanden hundert Mal, ehe man ihn zum allerersten Mal wirklich sieht.«“ (S. 102, Z. 3 f.) Nits nimmt Mischa in den Tagen nach dem Tafel-Besuch anders wahr. Was sieht er nun?

➤

➤

➤

➤

Aufgabe 6

a) Nits bietet Mischa etwas von seinem Geld an (S. 104). Erkläre Mischas Reaktion.

b) Nits selbst bezeichnet sein Angebot selbst als „idiotische Idee“ (S. 104, Z. 9). Diskutiert, wie Nits Mischa hätte helfen können.

Kapitel 10: Stinkwanzen

Meine Überschrift: ______________________

Aufgabe 1

a) Lies das 10. Kapitel.
b) Finde eine passende Überschrift.

Aufgabe 2

a) Sophie schaut Mischa lange an, als er verspätet sein Buchgeld abgibt. Was geht ihr in diesem Augenblick durch den Kopf?

b) Stelle dir vor, dass Sophie Nits anspricht, nachdem Mischa ihn nach der Stunde stehengelassen hat. Sie sprechen über Mischa. Nits äußert in diesem Gespräch: „[Ich wünschte,] ich hätte nie die Idee gehabt, Mischa nach Hause zu begleiten. Ich wünschte, jeder von uns wäre in seiner Sphäre geblieben, unsere Freundschaft zwischen unsere unterschiedlichen Lebenswelten geklemmt [...].“ (S. 109, Z. 13–17) Schreibt in Partnerarbeit dieses Gespräch und tragt es anschließend der Klasse vor.

____

____

____

____

____

____

____

______________________ ▶

c) Was meinst Du: Wäre es besser gewesen, wenn Nits wirklich nicht in Mischas Welt eingetaucht wäre? Begründe deine Meinung.

Aufgabe 3

a) Im Zoo konfrontiert Nits Mischa mit seinen Lügen (S. 112–120). Spielt das Gespräch in Vierergruppen nach. Dabei sollte deutlich werden, warum Nits so sauer wird und der Streit eskaliert. Verwendet dazu die Methode „Doppeln".

INFOBOX

Methode „Doppeln": Beim „Doppeln" wird jede Romanfigur von zwei Personen dargestellt. Eine Person soll das tatsächlich Gesagte aussprechen, die andere Person das, was die jeweilige Figur denkt. Achtet darauf, dass die beiden Sprecher abwechselnd sprechen und sich nicht unterbrechen. Erstellt dafür ein Drehbuch, in dem ihr die Sprechbeiträge schriftlich festhaltet.

b) Diskutiert, warum das Affengehege im Zoo der richtige Ort für diese Auseinandersetzung ist, und notiert eure Ergebnisse.

Kapitel 11: Meisen

Meine Überschrift: ______________________

Aufgabe 1

a) Lies das 11. Kapitel.
b) Finde eine passende Überschrift.

Aufgabe 2

„[S]tell dir doch mal vor, du hättest meinen Dad als Vater." (S. 124, Z. 8)

Führe dieses Gedankenexperiment für Nits im 1. Kapitel, für Nits im 11. Kapitel und für dich durch.

Im 1. Kapitel:

Im 11. Kapitel:

Eigene Vorstellung:

Aufgabe 3

a) Mischa und Nits führen in diesem Kapitel ein ziemlich schwieriges Gespräch.
Was ist jeweils schwierig für sie?

Für Nits ist schwierig … ______________________.

Für Mischa ist schwierig … ______________________.

b) „Ich wollte ihm sagen, dass ich nicht mehr wusste, wer er wirklich war, und dass das auch ein bisschen bedeutete, nicht mehr zu wissen, wer ich selbst war." (S. 124 f. Z. 27 – S. 125, Z. 1)

Erkläre, was Nits mit dieser Aussage meint und warum er lieber schweigt, anstatt sie auszusprechen.

____

______________________ ▶

Aufgabe 4

a) In diesem Kapitel geht es um Scham. Beschreibe mit eigenen Worten, was Scham für dich ist. Gibt es Momente, in denen du dich für etwas geschämt hast?

b) Arbeite heraus, wofür Mischa sich schämt.

c) Mischa vergleicht sich selbst in dem Gespräch mit einer „mutierten Meise“ (S. 126, Z. 2). Erkläre, warum er diesen Vergleich für sich und seine Situation wählt.

d) In einem Zeitungsartikel über „Scham“ heißt es: „Wer sich schämt, der schwebt ein wenig über sich. Der sieht sich selbst so, wie andere ihn in diesem Moment sehen. Oder wie er glaubt, dass sie ihn sehen. Die Scham ist der gefühlte Blick der anderen. Der in Momenten der Scham so häufige Wunsch, im Boden zu versinken, ist nichts anderes als der Wunsch, diesem Blick zu entgehen.“[1]

Mischa denkt darüber nach, was andere von ihm denken. Was sind die „gefühlten Blicke“, die bei ihm Scham auslösen? Ergänze das Schaubild.

1 Quelle: https://www.zeit.de/2023/04/schamgefuehl-kindheitserfahrungen-emotionen-psychologie/komplettansicht (aufgerufen am 31.07.2024).

Kapitel 12: Karpfen

Meine Überschrift: ____________________

Aufgabe 1

a) Lies das 12. Kapitel.
b) Finde eine passende Überschrift.

Aufgabe 2

In diesem Kapitel passiert auf den ersten Blick nichts Wichtiges. Doch warum gibt es das Kapitel dann überhaupt? Informiere dich mit Hilfe der Infobox über „Tschechows Gewehr".
Suche dann Elemente in dem Kapitel, die später noch wichtig werden könnten.

INFOBOX

Tschechows Gewehr

Eine Szene in einem Roman oder Drama, die auf den ersten Blick unwichtig erscheint, aber später an Bedeutung gewinnt, bezeichnet man als „Tschechows Gewehr". Dieser Begriff stammt vom russischen Dramatiker Anton Tschechow, der gesagt haben soll: „Wenn im ersten Akt ein Gewehr an der Wand hängt, dann wird es im letzten Akt abgefeuert."
Dahinter steckt die Idee, dass jedes Element in einer Geschichte einen Zweck haben sollte und dass unwichtige Details entfernt werden sollten.

Kapitel 13: Tausendfüßler

Meine Überschrift: ______________________________

➲ Aufgabe 1

a) Lies das 13. Kapitel.
b) Finde eine passende Überschrift.

➲ Aufgabe 2

Mischas Dad trifft am See auf zwei merkwürdige Männer. Stelle Vermutungen an, was am See vor sich gehen könnte.

➲ Aufgabe 3

a) Frau Heizmann vom Jugendamt wird in diesem Kapitel als sehr freundlich und offen beschrieben. Warum wollen die beiden Freunde sie dennoch so dringend vom Geschehen am See ablenken?

____

____

____

____

b) Mischa erzählt kurz von den Aufgaben von Frau Heizmann und spricht dabei von „Kindeswohlgefährdung“ (S. 137, Z. 18). Sprecht gemeinsam in der Klasse über dieses Wort und einigt euch auf Punkte, die erfüllt sein müssen, damit eine „Kindeswohlgefährdung“ zutrifft.

c) Recherchiert nun im Internet nach einer Definition für „Kindeswohlgefährdung“ und notiert sie unten. Vergleicht im Anschluss die Definition mit eurer und beurteilt, ob bei Mischa und Amy eine solche Gefährdung vorliegen könnte.

Definition

BEURTEILUNG: ______________________________

____

____

____

Kapitel 14: Fliegen

Meine Übers

Aufgabe 1

a) Lies das 14. Kapitel.
b) Finde eine passende Überschrift.

Aufgabe 2

a) Nits kauft mit seiner Mutter Turnschuhe. Beschreibe, was dieser Turnschuhkauf bei ihm auslöst.

b) „Wenn Turnschuhe so teuer waren, dann konnten Mischas Turnschuhe nicht vom kläglichen Inhalt der Extrakasse bezahlt worden sein" (S. 141, Z. 7–9). Erkläre, was diese Erkenntnis von Nits bedeuten könnte.

Aufgabe 3

a) Mischa entscheidet sich in diesem Kapitel, Amy die Wahrheit zu sagen. Nits beschreibt dies als das „schwierigste Gespräch, dem [er] je gelauscht habe" (S. 146, Z. 10 f.). Erkläre, warum dieses Gespräch so schwierig ist.

b) Ein Mitschüler sagt: „Eigentlich wäre dieses Gespräch doch die Aufgabe des Vaters gewesen." Diskutiert diese Aussage in der Klasse.

Aufgabe 4

a) In diesem Kapitel gibt es viele Vergleiche und Metaphern, zum Beispiel:

a. „und er schüttete die lange verwahrten Wahrheiten über Amy aus wie einen Eimer eiskaltes Wasser." (S. 147, Z. 18–20)

b. „als ob jemand die hemmende Handbremse in ihm gelöst hätte" (S. 147 , Z. 17 f.)

c. „als würde ich ein temporeiches Tischtennismatch verfolgen." (S. 148, Z. 2 f.)

Erkläre, was diese Vergleiche und sprachlichen Bilder für eine Funktion haben.

a. ______________________________

____

b. ______________________________

____

c. ______________________________

____

INFOBOX

Vergleich und Metapher sind sprachliche Mittel, um etwas zu veranschaulichen.
Beim Vergleich wird die Ähnlichkeit zwischen zwei Dingen mit Vergleichswörtern wie „als" oder „wie" gezeigt, z. B. „Mein Bruder ist stark wie ein Bär". Es wird also eine direkte Verbindung zwischen der Stärke der Person und der eines Bären hergestellt.
Bei der Metapher werden Dinge aus verschiedenen Bereichen in Beziehung gesetzt, ohne dass Vergleichswörter verwendet werden, z. B. „Mein Bruder ist ein Bär". Die Person wird also nicht nur mit einem Bären verglichen, sondern als Bär dargestellt.

b) Findest du weitere sprachliche Bilder und Vergleiche? Schreibe sie heraus und erläutere ihre Funktion.

____

____

____

____

____

Kapitel 15: Hunde

Meine Überschrift: ______________________

Aufgabe 1

a) Lies das 15. Kapitel.
b) Finde eine passende Überschrift.

Aufgabe 2

a) In diesem Kapitel spricht Nits mit seinen Eltern über Mischas Mutter und bezeichnet seine Eltern dabei als „elternmäßig" (S. 156, Z. 18). Dieses Wort findest du in keinem Wörterbuch, es ist eine Wortneuschöpfung, ein Neologismus.

Was meint Nits mit diesem Wort?

elternmäßig

b) Was macht gute Eltern aus? Markiere die Punkte, die für dich gute Eltern ausmachen. Kennzeichne die drei wichtigsten Punkte zusätzlich mit einem Stern.

Gute Eltern …

- … sind die besten Freunde ihres Kindes.
- … machen viel für ihr Kind.
- … sind fair.
- … haben immer gute Laune.
- … drücken auch mal ein Auge zu.
- … geben ihrem Kind materielle Sicherheit.
- … unterstützen ihr Kind, wenn es Schwierigkeiten hat.
- … sind absolut verlässlich.
- … fordern ihr Kind, aber überfordern es nicht.
- … setzen vernünftige Grenzen.
- … zeigen keine Schwäche.
- … machen ihrem Kind keine Angst.
- … sind gute Vorbilder.
- …. respektieren die Eigenheiten ihres Kindes.
- … haben ihr Kind bedingungslos lieb und zeigen ihm das auch.
- … erwarten keine unrealistischen Leistungen im Sport oder in der Schule.

c) Notiere, welche Punkte auf Nits' Eltern zutreffen und welche auf den Vater von Mischa und Amy.

Zeichne ein Bild von Mischas Dad oder erstelle eines mit Hilfe von KI

d) Diskutiert, ob sie – im Rahmen ihrer jeweiligen Möglichkeiten – gute Eltern sind.

➲ Aufgabe 3

Mischas Vater schreibt einen Brief mit der seltsamen Aufforderung „Esst Döner!!!" (S. 161, Z. 8 f.). Was könnte er damit meinen?

Kapitel 16: Kellerasseln

Meine Überschrift: ______________________________

Aufgabe 1

a) Lies das 16. Kapitel.
b) Finde eine passende Überschrift.

Aufgabe 2

a) In diesem Kapitel nimmt Nits Mischa und Amy mit zu sich nach Hause. Warum?

b) Als Nits fragt, ob Mischa und Amy bei ihm übernachten könnten, tauschen seine Eltern einen kurzen Blick aus. Was geht den beiden in diesem Moment wohl durch den Kopf?

Aufgabe 3

Mischa und Nits erstellen eine Liste mit Problemen und Lösungsmöglichkeiten. Sprecht in der Klasse über diese Liste. Seht ihr andere Lösungsmöglichkeiten?

Kapitel 17: Krähen

Meine Überschrift: ______________________________

Aufgabe 1

a) Lies das 17. Kapitel.
b) Finde eine passende Überschrift.

Aufgabe 2

In diesem Kapitel spielt der Mathelehrer Bassler eine wichtige Rolle.

a) Der Mathelehrer Bassler wird zu Beginn des Romans (Kap. 1 und 2) mehrmals erwähnt. Welcher Typ von Lehrer ist er? Wähle zwei bis drei Lehrertypen aus, denen man ihn zuordnen könnte. Begründe deine Zuordnung mit Textbelegen.

1. **Der Autoritäre** – Streng und regelorientiert, legt Wert auf Disziplin.
2. **Der Allwissende** – Besitzt umfassendes Wissen, kann jedoch einschüchternd wirken.
3. **Der Freundliche** – Schafft eine warme, einladende Atmosphäre und ist sehr zugänglich.
4. **Der Motivator** – Inspiriert und ermutigt Schüler, ihr Potenzial zu erreichen.
5. **Der Geduldige** – Nimmt sich Zeit für individuelle Lerngeschwindigkeiten.
6. **Der Praktiker** – Bevorzugt praktische Anwendungen und Erfahrungen.
7. **Der Theoretiker** – Fokussiert auf Konzepte und philosophische Diskussionen.
8. **Der Lässige** – Hat einen entspannten Unterrichtsansatz, weniger formell.
9. **Der Strukturierte** – Plant detailliert und hält sich strikt an den Plan.
10. **Der Mentor** – Führt Schüler durch persönliche Beratung und Unterstützung.

b) Wie verhält er sich, als die Frau mit der Aktenmappe auftaucht? Hättet ihr dieses Verhalten erwartet?

Aufgabe 3

a) In diesem Kapitel wird erzählt, wie Nits' Vater Mischa in der Grundschule mit einer Sicherheitsnadel geholfen hat. Diese Hilfe hat Mischa angenommen. Warum?

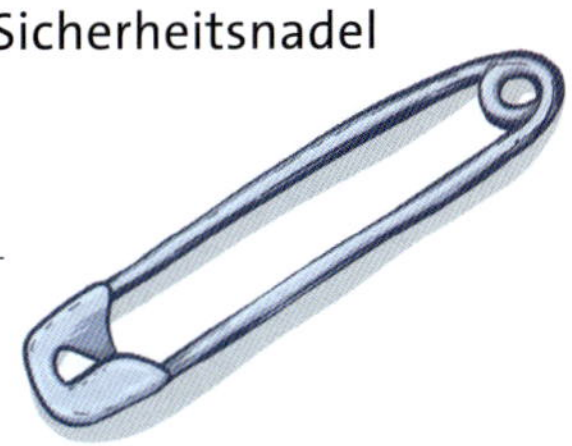

b) Auch an anderen Stellen des Romans gibt es „Hilfsversuche" von Nits und seiner Familie. Notiere, was die „Helfenden" jeweils machen und wie die, denen geholfen werden soll, reagieren.

„Geldangebot" (S. 104)	**„Essenseinladung"** (S. 155 f.)	**„Hilfsangebot"** (S. 157)

c) Leitet aus den gelungenen und gescheiterten Hilfsversuchen Regeln für richtiges Helfen ab.

»Regeln für richtiges Helfen«

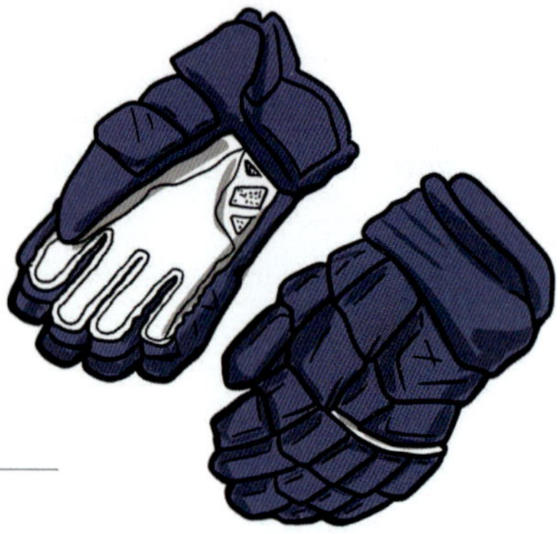

Aufgabe 4

Um Geld zu beschaffen, verkauft Nits die ausgemusterten Sportsachen seines Bruders. Mischa steht hinter Nits und beobachtet die Situation. Was geht ihm durch den Kopf? Schreibe einen inneren Monolog.

Wenn du unsicher bist, wie du einen inneren Monolog schreibst, lies auf ▶ **Seite 22** in diesem Heft nach.

Kapitel 18: Dönertier

Meine Überschrift: ______________________________

Aufgabe 1

a) Lies das 18. Kapitel.
b) Finde eine passende Überschrift.

Nanu, da fehlt doch ein Tier! Wenn du möchtest, kannst du es hier zeichnen.

Aufgabe 2

„»Das Auge isst mit«." (S. 194, Z. 5) Amy kennt diese Redewendung nicht. Nits' Vater beginnt, sie ihr zu erklären – und wird dann plötzlich so albern, wie Nits ihn noch nie erlebt hat.

Hast du eine Idee, warum?

____

____

____

Aufgabe 3

Mischa geht es nach dem Gespräch mit Nits' Mutter ziemlich schlecht – und Nits überlegt, wie er ihm helfen könnte. Was hilft dir, wenn es dir schlecht geht? Was hilft nicht?

Das hilft mir …	Das hilft mir nicht …

Aufgabe 4

Das Gespräch mit Bassler verläuft völlig anders, als Nits und Mischa befürchtet hatten. Wählt eine der folgenden Aufgaben aus und bearbeitet sie in Gruppen.

I. Schreibt das Gespräch so um, dass es so verläuft, wie Nits und Mischa befürchtet haben.

II. Spielt das Gespräch in der Gruppe nach. Verwendet dazu für Bassler die Methode „Doppeln". Ihr könnt dazu nochmal auf ▶ **Seite 30** nachlesen.

Aufgabe 5

a) Was macht einen guten Lehrer aus? Erstellt mit der **Methode Think-Pair-Share** eine Liste der wichtigsten fünf Eigenschaften eines guten Lehrers.

1.

2.

3.

4.

5.

INFOBOX

Methode Think-Pair-Share:
Zuerst denkst du alleine über eine Frage oder ein Problem nach (**Think**). Dann diskutierst du deine Gedanken mit einer weiteren Person (**Pair**). Schließlich teilst du die Ergebnisse eurer Diskussion mit der ganzen Klasse (**Share**).

b) Ist Bassler ein guter Lehrer? Nimm Stellung.

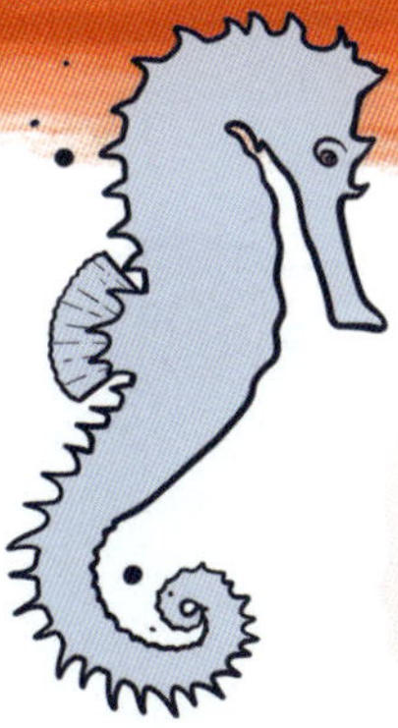

Kapitel 19: Vatertiere

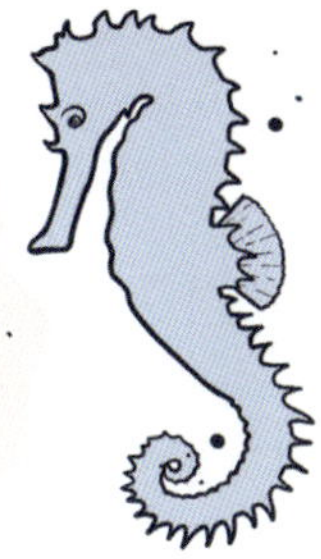

Meine Überschrift: ______________________

➲ Aufgabe 1

a) Lies das 19. Kapitel.
b) Finde eine passende Überschrift.

➲ Aufgabe 2

Mischas Vater erzählt Frau Heizmann zunächst eine Lügengeschichte, dann erzählt Mischa die Wahrheit. Was geht Frau Heizmann bei den Erzählungen jeweils durch den Kopf?

➲ Aufgabe 3

Frau Heizmann hält „in sehr sauberer Schrift“ (S. 214, Z. 6) fest, was ihr erzählt wird. Schreibe – in sehr sauberer Schrift – ihre Notizen auf.

Kapitel 20: Amsel

Meine Überschrift: ______________________

Aufgabe 1

a) Lies das 20. Kapitel.
b) Finde eine passende Überschrift.

Aufgabe 2

a) Nits hält die Luft an, als Ole Mischa eine Taucherbrille anbietet. Was geht Nits in diesem Moment durch den Kopf?

b) Mischa nimmt die Taucherbrille von Ole an. Überlege, warum.

____

____

____

____

Aufgabe 3

Am Ende des Kapitels meint Nits, das sei der „Reset", den Mischa sich so sehnlich gewünscht hat. Was meint er damit? Stimmst du Nits zu?

____

____

____

____

____

____

Kapitel 21: Stirnlappenbasilisken

Meine Überschrift: ____________________

Aufgabe 1

a) Lies das 21. Kapitel.
b) Finde eine passende Überschrift.

Aufgabe 2

a) Am Samstag nach dem Besuch im Polizeipräsidium sind Nits und seine Familie bei Mischas Familie eingeladen. Überlegt euch, welche Gedanken sich Mischa und sein Vater im Vorfeld des Besuchs gemacht haben könnten. Macht Notizen.

b) Spielt nun das Gespräch.

Aufgabe 3

Diskutiert in der Klasse, ob am Ende das von Mischa erhoffte „Reset“ eintrifft.
Fasst eure Ergebnisse schriftlich zusammen.

Für „Reset“ spricht: ____________________

Gegen „Reset“ spricht: ____________________

NACH DEM LESEN

Freundschaft

Aufgabe 1

Findet verschiedene Ergänzungen für den folgenden Satz.
Sprecht darüber, was für euch am wichtigsten in einer Freundschaft ist.

FREUNDSCHAFT IST …

Aufgabe 2: Freundschaft in der Krise

Was führt zu Krisen in einer Freundschaft?

Wie können Krisen in einer Freundschaft überwunden werden?

Aufgabe 3: Wahlaufgabe

Wähle eine der beiden Aufgaben aus.

a) Gestalte ein Meme zum Thema „Freundschaft“ zwischen Mischa und Nits.

b) Suche im Internet ein Zitat, das dir für die Freundschaft zwischen Mischa und Nits geeignet scheint, und gestalte damit ein Plakat für Mischa und/oder Nits.

Wortmusik

Aufgabe 1

Nits drückt sich gerne in lyrischer Form aus und baut Stabreime in seine Sätze ein. Welche Wortspiele sind dir in Erinnerung geblieben? Notiere sie.

Aufgabe 2

Beschreibe, welche Wirkung diese Art des Sprechens auf Nits' Mitmenschen wohl haben könnte.

Aufgabe 3

Habt ihr bestimmte Besonderheiten oder Stile, die ihr beim Sprechen mit Freunden nutzt? Sprecht darüber in der Klasse.

Aufgabe 4

Verfasse selbst einen kurzen Stabreim, mit dem du einen befreundeten Klassenkameraden oder eine witzige Situation beschreibst.

Tiere, Tiere, Tiere …

Aufgabe 1

Stefanie Höfler verwendet als Überschrift für die Kapitel „Tierreime“ statt richtiger Überschriften. Teilt euch in der Klasse auf und untersucht, welchen Zusammenhang die Tierreime und die jeweiligen Kapitel haben. Stellt Vermutungen an.

Aufgabe 2

Es gibt nur ein Kapitel, in dem kein „richtiges“ Tier vorkommt. Findet das Kapitel und versucht, diesen Befund zu deuten.

Rezension

Seine Meinung zum Roman äußern

Aufgabe 1

Du kennst nun den ganzen Roman. Schreibe deine Gedanken dazu auf.

Was können wir aus dem Roman lernen?

Wie bewertest du ihn im Rückblick?

Was ist dir in bleibender Erinnerung geblieben?

Wem würdest du ihn empfehlen?

Aufgabe 2: Wahlaufgabe

Wähle eine der beiden Aufgaben aus.

INFOBOX

Eine **Rezension** ist eine schriftliche Bewertung und Besprechung eines Buches, Films, Theaterstücks oder anderen künstlerischen Werks. Der Zweck einer Rezension ist es, dem Leser einen Überblick über den Inhalt und die wichtigsten Aspekte des Werks zu geben und eine begründete Meinung darüber abzugeben.

a) Suche im Internet nach verschiedenen Rezensionen des Romans. Arbeite heraus, was positiv bewertet und was kritisiert wird.

b) Verfasse eine eigene Rezension des Romans auf einem separaten Blatt.

Steckbrief

Die Autorin Stefanie Höfler

Suche ein Bild von Stefanie Höfler und klebe es ein.

ALTER

____

AUSBILDUNG UND BERUF

____

____

____

WERKE

-
-
-
-

WÜRDIGUNGEN UND PREISE

____

____

Diese Frage würde ich Stefanie Höfler stellen, wenn ich sie treffen würde: